BEI GRIN MACHT SICH IHR WISSEN BEZAHLT

AF141569

- Wir veröffentlichen Ihre Hausarbeit,
  Bachelor- und Masterarbeit

- Ihr eigenes eBook und Buch -
  weltweit in allen wichtigen Shops

- Verdienen Sie an jedem Verkauf

Jetzt bei www.GRIN.com hochladen und kostenlos publizieren

Nicola Humpert

Die Finanzierung des internationalen Terrorismus

GRIN Verlag

Bibliografische Information der Deutschen Nationalbibliothek:

Die Deutsche Bibliothek verzeichnet diese Publikation in der Deutschen National-
bibliografie; detaillierte bibliografische Daten sind im Internet über http://dnb.d-
nb.de/ abrufbar.

Impressum:

Copyright © 2004 GRIN Verlag GmbH
Druck und Bindung: Books on Demand GmbH, Norderstedt Germany
ISBN: 978-3-638-74921-3

Dieses Buch bei GRIN:

http://www.grin.com/de/e-book/34536/die-finanzierung-des-internationalen-terro-
rismus

GRIN - Your knowledge has value

Der GRIN Verlag publiziert seit 1998 wissenschaftliche Arbeiten von Studenten, Hochschullehrern und anderen Akademikern als eBook und gedrucktes Buch. Die Verlagswebsite www.grin.com ist die ideale Plattform zur Veröffentlichung von Hausarbeiten, Abschlussarbeiten, wissenschaftlichen Aufsätzen, Dissertationen und Fachbüchern.

Besuchen Sie uns im Internet:

http://www.grin.com/

http://www.facebook.com/grincom

http://www.twitter.com/grin_com

Freie Universität Berlin
Otto-Suhr-Institut für Politikwissenschaft
HS 15569 Der islamische Terrorismus in der Sicht der Friedensforschung

Thema:

Die Finanzierung des internationalen Terrorismus

Humpert, Nicola

Studiengang: Diplom- Politikwissenschaft
Fachsemester: 7

Gliederung

1. Einleitung

Den internationalen Terrorismus des Al-Quaida Netzwerkes in seiner Gänze und Komplexität zu begreifen fällt schwer. Strittig ist nicht nur eine gültige Definition von Terrorismus, sondern auch Fragen nach den Ursachen und Ausprägungsformen bleiben teilweise unbeantwortet.

Ein wesentlicher Erkenntnisschritt zum Begreifen dieses internationalen Phänomens ist das Wissen um seine Finanzstruktur. Durch das Kennen der Finanzierung und Weiterleitung von Geldströmen lassen sich Bekämpfungsstrategien erarbeiten, die als Konsequenz auch die Handlungsfähigkeit der weit verzweigten Organisation einschränken können.

So stellt sich diese Arbeit erstens die Frage, ob es sich bei der Finanzierung des internationalen Terrorismus mit seiner bekanntesten Vertretein Al-Quaida um ein klar erkennbares Finanzsystem handelt. Dabei werden sowohl die Finanzierungsmethoden als auch die damit verbundene Geldwäsche eingehend betrachtet. Hierbei stellt sich auch die Problematik dieser Arbeit heraus: Eine klare Abgrenzung zwischen den Methoden der Terrorfinanzierung und der Organisierten Kriminalität ist kaum zu bewältigen. Nichtsdestotrotz wird der Versuch unternommen, die Finanzquellen aufzuzeigen und Verschleierungstechniken darzulegen. Im zweiten Teil dieser Arbeit wird geprüft, welche bisherigen Bekämpfungsstrategien erfolgt sind und dabei der Frage nachgegangen, ob diese Strategien auch erfolgreich sein können. Dabei wird ein Blick darauf geworfen, welche zukünftigen Herausforderungen insbesondere in Bezug auf den stärker werdenden elektronischen Zahlungsverkehr bestehen und welche neuen Methoden zur Bekämpfung diskutiert werden.

Bislang konnte sich noch auf keine allgemeingültige Definition von Terrorismus geeinigt werden.

Als Grundlage dieser Arbeit gilt die Terrorismus-Definition der Vereinten Nationen: „Any ... act intended to cause death or bodily injury to a civilian, or to any other person not taking an active part in the hostilities in a situation of armed conflict, when the purpose of such act [...] is to intimadate a population [...]." (VN 2000: Art 2 Absatz 1b). Die internationale Dimension von Terrorismus trifft laut Hirschmann zu wenn sich „die Zielsetzungen und Begründungen der Terroristen" nicht auf eine begrenzte Region beziehen, der Aktionsraum überregional ist und die Mitglieder aus verschiedenen Ländern stammen (vgl. Hirschmann 2002:33).

Interessant ist bei der Frage nach einem System der Terrorfinanzierung auch die Suche nach einem Muster oder Profil der Attentäter vom 11. September: Wie haben sie sich finanziert? Was für Konten benutzten sie? Wenn man diese Fragen untersucht, lassen sich zumindest einige Rückschlüsse auf ein mögliches System der Terrorfinanzierung ziehen.

Die 19 Entführer eröffneten insgesamt 24 Giro-Konten in den USA an vier verschiedenen, großen Banken. Die Konten wurden mit Bareinzahlungen zwischen 3 000 und 5 000 US-Dollar Bargeld angelegt. Auffällig war, dass sie ihre Konten in Gruppen von drei bis vier Personen eröffneten. Die angegebenen Adressen waren keine festen Adressen sondern beispielsweise Postfächer (vgl. Lormel 2002:4). Das Transaktionsprofil zeigt, dass sehr schnell nach der Kontoeröffnung Überweisungen ins Ausland gemacht wurden, sowie Einzahlungen eingingen. Es wurden viele Versuche gemacht, Geld abzuheben, auch wenn der gegebene Dispo-Kredit schon erschöpft war. Ebenfalls wurde der Kontostand mehrmals abgefragt. Die getätigten Transaktionen lagen stets unter dem meldepflichtigen Wert.

An diesem Profil lässt sich erkennen, dass zwar bestimmte Vorsichtsmaßnahmen ergriffen wurden, um die Geldbewegungen unauffällig zu halten. Gleichzeitig ist aber das Verhalten bei der Kontoeröffnung im Nachhinein als auffällig zu bewerten, da keine festen Adressen angegeben wurden und eine Gruppe von Personen gleichzeitig verschieden Konten eröffnete.

Im Folgenden wird untersucht, wie sich die Mitglieder des Al-Quaida Netzwerkes finanzieren.

2. Die Finanzquellen des internationalen Terrorismus

Die Zielsetzung des transnationalen Terrorismus ist es, die bestehende internationale Ordnung zu attackieren (vgl. Schneckener 2002:1). Um

Anschläge vorzubereiten, mit verschiedenen Identitäten zu leben und Ausbildungslager für Selbstmordattentäter zu unterhalten, wird viel Geld benötigt. Obwohl die Anschläge vom 11. September 2001 erstaunlich „günstig" waren – Schätzungen gehen von ca. 500 000 US-Dollar aus, liegt das vermutete Jahresbudget von Al-Quaida mit 20-50 Millionen US-Dollar sehr viel höher (vgl. El-Samalouti 2003:210). Die Frage lautet nun: Woher kommt dieses viele Geld?

„Terrorist financing can be defined as the processing of property from any source to be used to finance terrorist activity that has been or will be committed." (Aninat 2002:2)

Grundsätzlich wird zwischen legalen und illegalen Geldquellen der Terrorismusfinanzierung unterschieden. Schon bei dieser Aufteilung ist klar erkennbar, dass es nicht eine Art und Weise gibt, wie Geld für terroristische Anschläge beschafft wird.

2.1. Legale Geldquellen

Zu den legalen Geldquellen gehört zunächst das Privatvermögen Osama Bin Ladens, das auf ca. 300 Millionen US-Dollar geschätzt wird. Dieses Vermögen hat er im Laufe der Jahre unter anderem gewinnbringend in den Aufbau verschiedener Firmen im Sudan investiert. Es wird davon ausgegangen, dass der größte Teil seiner Finanzmittel aus legalen Quellen stammt (vgl. Piper 2004:2).

Eine weitere Möglichkeit zur legalen Beschaffung von Geldern sind die Einnahmen von Wohltätigkeitsorganisationen. Diese Einnahmen werden auch als „financial backbone" bezeichnet (vgl. Greenberg 2002:7). So ist es im islamischen Glauben Pflicht, einen Teil (2,5 %) seines Einkommens an Bedürftige zu spenden. Diese Spenden an Hilfsorganisationen werden zum Teil missbräuchlich verwendet. Auch Mitgliedsbeiträge für diese Organisationen, Einkünfte aus Publikationsverkäufen etc. fließen teilweise in die Terrorismusfinanzierung. Eine große Schwierigkeit besteht darin, zu erkennen, welche Organisationen Spendengelder für terroristische Operationen oder deren Unterstützung ausgeben anstatt für humanitäre Zwecke. Eine der bekanntesten Organisationen, die Spendengelder für terroristische Zwecke abzweigt, ist die „International Islamic Relief Organisation", die Filialen in England, Schweden, Deutschland und den Niederlanden unterhält (vgl. Piper 2004:1, Greenberg 2002:7). Es gibt also weitreichende Mittel, um auf legale Weise Gelder für den internationalen Terrorismus zu akquirieren.

2.2. Illegale Quellen

Neben dem Privatvermögen Osama Bin Ladens und den Spendeneinnahmen gelten illegale Methoden als weiterer Bestandteil der Finanzierung. Es gilt zwar als gesichert, dass ein Teil der Gelder aus illegalen Quellen stammt - über den Umfang herrscht allerdings Uneinigkeit. Nach einigen Angaben stammt mindestens die Hälfte der Einnahmen aus illegalen Geschäften, insbesondere dem Drogenhandel (vgl. Fleischauer 2004:38). Andere sind mit ihren Schätzungen vorsichtiger und benennen neben dem Drogenhandel auch das illegale Glücksspiel, Anlage- und Versicherungsbetrug, sowie Erpressungen und Diebstähle (vgl. Altvater 2002:249).

Es lässt sich also kein einheitliches System der Beschaffung von Geldern feststellen. So ist auch davon auszugehen, dass durch die verzweigte Organisationsstruktur die einzelnen Zellen relativ autonom in ihrer Finanzierung agieren können. An diesem Punkt ist demnach lediglich erkennbar, dass es sowohl legale wie auch illegale Quellen gibt, die in ihrem Umfang jedoch nicht klar ersichtlich werden.

Nach den jüngsten Erkenntnissen der Vereinten Nationen werden inzwischen auch Diamanten aus Westafrika zur Terrorfinanzierung eingesetzt. Nach den Kontosperrungen vom 11. September könnten die sogenannten „Blutdiamanten", die aus Bürgerkriegsländern wie Sierra Leone und Liberia stammen, eine der Hauptfinanzquellen darstellen (vgl. Stang 2004:6).

In allen Feldern der illegalen Geldbeschaffung fällt die Abgrenzung zur Organisierten Kriminalität schwer: Er lässt sich kaum feststellen, welche Aktivitäten der persönlichen Bereicherung dienen und welche den nächsten Anschlag finanzieren sollen. Auch die Art und Weise, wie das illegal erworbene Geld in den offiziellen Geldkreislauf zurückgeführt werden soll, unterscheiden sich nicht (vgl. El-Samalouti 2003:227). Wie dieser Rücklauf funktioniert, wird das nächste Kapitel zeigen.

3. Geldtransfer und Geldwäsche

Zunächst ließe sich die einfache Frage stellen, warum es überhaupt nötig ist, die Herkunft von Geld, dass legal erworben wurde, zu verdecken. Der Hauptgrund liegt in der Notwendigkeit, diese legalen Quellen auch weiterhin nutzen zu können. Sobald bekannt wird, dass eine wohltätige Organisation an der Finanzierung von terroristischen Anschlägen beteiligt ist, werden ihre Konten eingefroren – das Geld wird unzugänglich. Dadurch besteht das große Interesse, die Herkunft der Gelder nicht bekannt werden zu lassen.

Eine weitere Notwendigkeit besteht darin, dass das Geld an verschiedene Orte gelangen muss, um einsatzfähig zu sein. Die im Folgenden beschriebenen Methoden haben also zweierlei Funktion: Sie sollen verdecken, woher das Geld kommt und sie ermöglichen die Bewegung des Geldes (vgl. Woywardt 1995:24).

Doch insbesondere im Zusammenhang mit der Verschleierung von der Herkunft der Gelder sind Abgrenzungen zur Organisierten Kriminalität so gut wie unmöglich, da zum Großteil die gleichen Methoden angewendet werden. Ein besonderes Phänomen bei der Terrorismusfinanzierung ist die Nutzung von sogenannten „Alternativen Transfersystemen", die häufig auch als Untergrund-Banken bezeichnet werden. Das bekannteste Transfersystem dieser Art ist „Hawala".

3.1. Hawala

Das System Hawala wird in vielen Teilen der Erde angewandt und trägt je nach Region verschiedene Namen. Im arabischen Raum wird der Name „Hawala" verwendet, der wörtlich übersetzt lediglich Transfer bedeutet. In unserem Zusammenhang wird er aber als Transfersystem oder „System der zwei Töpfe" benutzt (vgl. Altvater 2002:245). Das System als solches ist nicht per se illegal und ist in Regionen ohne ein funktionierendes

Bankwesen oft die einzige Möglichkeit Geld zu transferieren oder zu erhalten. Auch in Deutschland ist es nicht verboten mittels dieses Systems Geld zu verschicken – es muss lediglich von einer behördlich genehmigten Stelle (z. B. Telefonladen) verschickt werden. Dazu ist es wichtig zu wissen, wie Hawala eigentlich funktioniert. Das auffällige an diesem System des Geldverschickens ist, dass das eingezahlte Geld gar nicht oder nicht sofort das Land wechselt: Wenn ein Kunde Geld von Land X in Land Y verschicken möchte, geht er in Land X zu einem Makler und benennt seinen Überweisungswunsch, der Makler nennt dem Kunden einen Code (z. B. Elefant). Nun erfolgen zwei Telefongespräche: Der Makler in Land X benachrichtigt seinen Geschäftspartner in Land Y über die auszuzahlende Summe bei der Nennung des Codes Elefant. Gleichzeitig nennt die Person aus Land X einer Person in Land Y den Code. Nun geht diese Person zum Makler in Land Y und sagt das Codewort Elefant, daraufhin zahlt der Makler den gewünschten Betrag aus (vgl. u.a. Altvater 2002:245). Die beiden Makler, die sich sonst beispielsweise entweder als Gemüse- oder Handyhändler betätigen, sind in der Regel miteinander verwandt. Der Ausgleich der Konten erfolgt entweder dadurch, dass ein Geldtransfer auch in die entgegengesetzte Richtung stattfindet oder zu einem späteren Zeitpunkt durch einen Zahlungsausgleich meist in Form von Bargeld.

Es gibt mehrere Gründe, warum dieses Zahlungssystem für Terroristen interessant ist: Die Zahlungen können vollkommen anonym erfolgen, es gibt keine direkten Zahlungsbelege, die auf den Transfer hinweisen, wenn es überhaupt Quittungen gibt, so sind auch sie codiert, wie z.B. eine in zwei Hälften zerrissene Eintrittskarte. Zweitens erfolgt die Zahlung schnell und drittens fallen deutlich geringere Gebühren an als bei einer offiziellen Auslandsüberweisung (vgl. El-Samalouti 2003:208).

Es wird sehr stark davon ausgegangen, dass dieses Transfersystem auch für Überweisungen genutzt wird, die im Zusammenhang mit der Terrorismusfinanzierung stehen. Durch die hohe Unübersichtlichkeit lässt sich aber nicht feststellen, ob Hawala systematisch für diese Zwecke genutzt wird. Auch ist zu erkennen, dass Hawala als eine Form von Geldwäsche benutzt wird.

3.2. Geldwäsche

Bis Ende der 1990er Jahre ist das Problem der Geldwäsche nur im Zusammenhang mit der Organisierten Kriminalität, also Drogen-, Waffen- und Menschenhandel, illegalem Glückspiel und großangelegten Betrügereien untersucht worden. Erst mit dem Terroranschlag vom 11. September 2001 erließ die von den G7-Staaten initiierte Financial Action Task Force (FATF) acht Sonderempfehlungen zur Bekämpfung von Terrorismusfinanzierung in Zusammenhang mit der Geldwäsche. Dabei ist anzumerken, dass sich diese Empfehlungen kaum von den 40 „normalen" unterscheiden, da der Grad der Unterscheidbarkeit zur Organisierten Kriminalität nur marginal ist (vgl. FATF 2001:1). Auf diese Sonderempfehlungen wird im Kapitel Bekämpfungsstrategien eingegangen werden.

Da die Unterscheidbarkeit so schwierig ist, soll an dieser Stelle auch der Prozess der Geldwäsche genau betrachtet werden, denn er stellt eine Art der Verschleierung von Geldern da, die für terroristische Zwecke gebraucht werden. Der Prozess der Geldwäsche wird in drei Phasen aufgeteilt: Einschleusung, Verteilung, Integration. Diese Phasen sind nicht immer eindeutig zu identifizieren, und so auch bei einigen Autoren nur von zwei Phasen gesprochen wird (vgl. Woywardt 1995:25f).

Die erste Phase, die Einschleusung, auch „placement" genannt ist der Schnittpunkt zwischen illegalem und legalem Finanzmarkt. Sie galt bislang als schwächstes Glied der Kette und nur hier sah man bislang die Möglichkeit einzugreifen. Doch mit der Zunahme des elektronischen Bargeldverkehrs wird selbst das Aufspüren von Aktionen in dieser Phase verkompliziert. Geht man jedoch zunächst davon aus, dass legal oder illegales Bargeld keine Spur, den „paper trail", hinterlassen soll, gibt es verschiedene Möglichkeiten dieses Bargeld im legalen Finanzmarkt zu platzieren: Da große Einzahlungen von Bargeld Aufsehen erregen würden und bestimmte Schwellenbeträge meldepflichtig sind, werden die einzuzahlenden Geldbeträge gestückelt eingezahlt. Diese „smurfing" genannte Methode hat den Nachteil, dass viele Personen involviert sind, die die gestückelten Einzelzahlungen bei verschiedenen Banken unterbringen (vgl. ebd.).

Eine andere Variante das schmutzige Geld zu säubern, ist der Devisenschmuggel: Die Geldbeträge werden außer Landes gebracht und vor Ort in eine stabile Währung umgetauscht. Diese Methode birgt ein hohes Risiko, da bei einer Durchsuchung schnell eine große Menge an Bargeld beschlagnahmt werden kann. In diesem Zusammenhang ist aber ebenfalls die oben beschriebene Hawala-Methode zu nennen, da durch sie nicht nur Geld transferiert werden, sondern auch gewaschen werden kann.

Des weiteren werden Front- und Scheinfirmen aufgebaut, die durch hohe Bargeldaufkommen in ihren Betrieben das illegale Geld mit den eigenen Einnahmen vermischen. Auch werden mit diesen Firmen Warenlieferungen fingiert, so dass zu hohe Rechnungsbeträge entstehen bzw. die bestellten Waren nie geliefert werden (vgl. Altvater 2002:218f).

Spielbanken sind ebenfalls ein beliebter Ort um Gelder zu waschen. Eine große Menge von Jetons wird gekauft, aber nur ein geringer Teil wird verspielt, so dass die restlichen Jetons von der Spielbank zurück gekauft werden und der Spieler sauberes Geld erhält.

Bei dieser ersten Phase der Geldwäsche sind der Phantasie keine Grenzen gesetzt – es gibt unzählige Möglichkeiten, die Herkunft von Geld zu verschleiern. Ein klar erkennbares System, welches von den Terroristen genutzt wird, ist hier nicht vorhanden. Es lässt sich noch nicht einmal feststellen, welche dieser Methoden am häufigsten verwendet wird, bzw. ob es bestimmte Präferenzen gibt. Wird von den Behörden entdeckt, dass ein Versuch unternommen wurde, Geld zu waschen, ist ebenfalls nicht festzustellen, ob dieses Geld zur Terrorfinanzierung eingesetzt werden sollte.

Die zweite Phase, die auch als Geldwäsche zweiten Grades bezeichnet wird und in der Fachsprache „layering" genannt wird, soll die Herkunft des Geldes durch mehrmaliges Umschichten und Verlegen verdecken. Dadurch soll es unmöglich gemacht werden, zu erkennen woher das Geld anfangs kam. Diese Umschichtung erfolgt zum einen durch einen Ankauf von Wertgegenständen wie z.B. Diamanten. Es können aber auch Wertpapiere oder Versicherungen sein. Zusätzlich wird Buchgeld ständig von einem Konto auf ein anderes transferiert; auch Scheinfirmen, die in den sogenannten Offshore-Zentren liegen, spielen in dieser Phase eine große

Rolle. Sie vergeben unter anderem Kredite an andere Scheinfirmen – wenn das Geld ausgezahlt wird, ist eine Rückverfolgung kaum noch möglich, da die Briefkastenfirmen ihren Namen wechseln oder ganz von der Bildfläche verschwinden (vgl. Woywadt 1995:38).

Ob die Firmen von Osama Bin Laden auch in solche Praktiken verwickelt sind, ist bislang nicht bekannt.

In der Integrations-Phase muss eine scheinbar legale Begründung für die Einkünfte gefunden werden. An diesem Zeitpunkt ist es kaum noch möglich zu erkennen, ob es sich um gewaschenes Geld handelt. Es sei noch mal darauf hingewiesen, dass eine genaue Trennung der drei Phasen nicht möglich ist, da manche Techniken der Layering-Phase die Integration der Gewinne mit beinhalten (vgl. ebd.:47).

Problemtisch an dieser Systematik ist, dass sie sich vor allen Dingen auf Bargeld konzentriert. Es gibt aber weitreichende Hinweise, dass Terroristen sich zunehmend mittels elektronischen Geldüberweisungen finanzieren.

3.3. Telegraphische Geldüberweisungen

Wie aus dem oben beschriebene Profil der Attentäter vom 11.9.2001 ersichtlich wurde, haben telegraphische Geldüberweisungen bei der „Bereitstellung der erforderlichen finanziellen Mittel" eine große Rolle gespielt (FATF 2004:6).

Bis in die Anfänge 1990er Jahre hat sich die Gesetzgebung ausschließlich auf Geldwäschetatbestände konzentriert, die mit Bargeld abgewickelt wurden. Durch den technologischen Fortschritt hat aber ein grundlegender Wandel des Verhältnisses zwischen Bank und Kunde stattgefunden: vom „relationship banking" hin zum „electronic banking" (vgl. Findeisen 1998:98f). Auf diese Veränderung hat die FATF reagiert und behandelt in ihrem diesjährigen Report schwerpunktmäßig die Typologie der elektronischen bzw. telegraphischen Geldüberweisung in Zusammenhang mit der Geldwäscheproblematik.

Telegraphische Geldüberweisungen können sowohl im Inland als auch ins Ausland getätigt werden. Dabei stellen sie eine schnelle und sichere Transfermethode dar. Ist man zunächst davon ausgegangen, dass mit dem elektronischen Zeitalter die Nachvollziehbarkeit der Transfers erhöht wird, hat sich jedoch inzwischen herausgestellt, dass eher das Gegenteil der Fall ist. Da es keine internationalen Bestimmungen zu Registrierungsverfahren gibt, können Schlupflöcher gefunden und ausgenutzt werden (vgl. FATF 2004:6). Dabei ist die einfachste Methode Geld so zu überweisen, dass entweder im Sender- oder im Empfängerland keine Aufzeichnung über die Geldbewegung vorgenommen wird. Auch kann ein regelrechtes Verwirrspiel mit möglichst vielen, schnellen Transaktionen als Methode eingesetzt werden.

Eine weitere Schwierigkeit bei der Kontrolle der telegraphischen Geldüberweisungen ist die vermehrte Nutzung von Instituten, die nicht dem Bankensektor angehören – so haben die Attentäter vom 11. September 2001 viele Transaktionen über Western Union abgewickelt. Hinzu kommt, dass das Geld, welches telegraphisch überwiesen wird, häufig schon „vorgewaschen" ist, dass es also erst in der zweiten Phase des Geldwäschezyklus in den offiziellen Finanzmarkt geschleust wird (vgl. Findeisen 1998:99). So lässt sich für die Methode der elektronischen Geldüberweisung festhalten, dass sie von den Terroristen genutzt wird, in welchem Ausmaße das geschieht, bleibt aber unbekannt. Hierin zeigt sich schon eine Schwierigkeit für das Finden von Bekämpfungsstrategien, auf die im folgenden Kapitel eingegangen wird.

4. Bekämpfungsstrategien

Der erste Teil dieser Arbeit hat sich mit der Frage beschäftigt, ob es so etwas wie ein „System der Terrorismusfinanzierung" gibt. Es wurde festgestellt, dass sowohl die Quellen als auch die Methoden zur Geldbewegung zahlreich und komplex veranlagt sind. Nichtsdestotrotz sollen nun die Bekämpfungsstrategien analysiert werden, dabei der Frage nachgehend, inwieweit diese Strategien erfolgreich sein können.

Da die Terrorismusfinanzierung so mannigfaltig und komplex ist, ist es unmöglich, nur eine Strategie zur Bekämpfung zu entwickeln. Bei der Entwicklung von Strategien stellen sich juristische und im weiteren Sinne ökonomische Fragen: Noch gibt es keine einheitliche internationale

Bankenregulierung, was unter anderem damit zusammenhängt, dass durch die von der Globalisierung verstärkten Deregulierungen und Liberalisierungen eine gemeinsame Richtlinie bislang unmöglich machen (vgl. Altvater 2002:231). Obwohl es sogar eine Resolution des Sicherheitsrates der Vereinten Nationen zum Thema der Terrorismusfinanzierung gibt, ermöglichen die regulierungsfreien „Offshore-Zentren" anonyme Bankkonten, bei denen eine Identifikation unmöglich bleibt. Bevor sich eingehende mit dieser Problematik beschäftigt wird, sollen zunächst die bisherigen Strategien in den Blick genommen werden.

Auf internationaler Ebene gilt die vom UN-Sicherheitsrat erlassene Resolution 1373, die unmittelbar nach den Anschlägen vom 11. September festgelegt wurde. Bereits der erste operative Absatz der Resolution fordert die Staatengemeinschaft dazu auf „to prevent and suppress the financing of terrorist acts" (vgl. VN 2001:2). Herausgestellt wird ebenfalls die Tatsache, dass eine enge Verbindung zwischen dem internationalen Terrorismus und der Organisierten Kriminalität, insbesondere dem Drogenhandel, besteht. Dadurch ergeben sich sehr ähnliche Handlungsempfehlungen wie sie schon im Bezug auf die Organisierte Kriminalität bestehen.

Die Resolution fordert zum Einfrieren von Konten, die zur Finanzierung von Anschlägen und terroristischen Aktivitäten allgemein dienen, auf. Des weiteren sollen die sogenannten „save havens" den Geldern von Terroristen nicht länger Schutz bieten – das bedeutet, dass Konteninhaber identifiziert werden müssen. Das Wissen um terroristische Organisationen, Gruppen oder Einzelpersonen soll effektiv ausgetauscht werden: Eine hohe internationale Kooperation wird angemahnt. Die Resolution verlangt außerdem, dass Personen, die sich, auf welche Weise auch immer, an der Finanzierung beteiligen, strafrechtlich verfolgt und verurteilt werden (vgl. ebd.).

Die Resolution 1373 ist eine verbindliche Rechtsnorm, doch da es weder eine einheitliche Bankenaufsicht und noch eine starke internationale Rechtssprechung durch den Internationalen Gerichtshof gibt, ist es bislang nicht möglich, die festgelegten Maßnahmen weltweit durchzusetzen.

Weitere internationale Rechtsnormen sind die Internationale Konvention zur Unterdrückung von Terrorismusfinanzierung von 2002 und die acht Sonderempfehlungen der FATF, die zu ihren 40 allgemeinen Geldwäschebekämpfungsempfehlungen hinzugekommen sind. Die Sonderempfehlungen rufen zu einer unverzüglichen Implementation der UN-Resolution auf. Die Forderungen der Resolution werden in acht Empfehlungen unterteilt: Sowohl das Einfrieren der Konten, die Kriminalisierung der Finnzierung und die internationale Kooperation, besonders der Datenaustausch werden benannt (vgl. El-Samalouti 2003:215ff).

Da das Problem der Terrorfinanzierung aber auch die Bereiche des elektronischen Geldverkehrs und Wohltätigkeitsorganisationen umfasst, gelten für diese Bereiche die Empfehlungen VII und VIII, die speziell die verstärkte Kontrolle dieser Zahlungsvorgänge und Organisationen fordern.

Obwohl bereits 27 Konten von Organisationen und Einzelpersonen in den USA eingefroren wurden, muss davon ausgegangen werden, dass eine Vielzahl von Konten und die entsprechenden Transaktionen unentdeckt bleiben.

In der Bundesrepublik wurden bislang 30 Konten eingefroren. Mit dem Geldwäschebekämpfungsgesetz und dem Kreditwesengesetz wurden die internationalen Vereinbarungen in die nationale Gesetzgebung integriert (vgl. Bundesregierung 2004:4).

An der Schnittstelle von Jurisdiktion und der verlangten Kontrolle der Finanzmärkte stößt man an ein bislang unüberwundenes Hindernis: Allein das Suchen von Terroristen-Geldern wird mit der Nadel im Heuhaufen verglichen (vgl. Weintraub 2001:53). Versucht man sich nur die Dimension des Geldes vorzustellen, welches in der globalisierten Welt täglich von ein Land in ein anderes wechselt, erkennt man sehr schnell die Problematik, die mit der Suche nach Konten von Terroristen einhergeht: Geht man davon aus, dass zwischen zwei und fünf Prozent des weltweiten Bruttosozialprodukts gewaschen werden, gelangt man zu einem Betrag zwischen 800 Milliarden und zwei Trillionen US-Dollar „schmutzigen" Geldes pro Jahr. Auf den Konten in einem der berühmtesten offshore-Zentren, den Cayman-Inseln, liegen ca. 800 Milliarden US-Dollar (vgl.

ebd.:56). Selbst wenn verstärkte Kooperation und Identifikation von Tätern stattfindet, ist in Anbetracht dieser Geldmenge jeder Ansatz zum Scheitern verurteilt.

Denn selbst wenn man versucht, die Geldwäsche zu bekämpfen, ist durch die legalen Einkünfte durch Wohltätigkeitsorganisationen nicht immer klar erkennbar, wann es sich überhaupt um Geldwäsche handelt.

Auch wenn die OECD-Staaten bekräftigen, dass sie gemeinsame Anstrengungen zur Bekämpfung von Terrorismusfinanzierung unternehmen wollen, bleiben auch in Europa Finanzplätze mit einem ausgeprägten Bankgeheimnis so attraktiv, dass selbst hier kaum alle Gelder aufgedeckt werden können (vgl. Altvater 2002:226). Denn bei Ländern wie der Schweiz oder Liechtenstein können Sanktionen kaum etwas bewirken.

Da der internationale Terrorismus nicht auf nationalstaatlicher Ebene bekämpft werden kann, ist eine globale Strategie notwendig. Dabei darf nicht nur der offizielle Bankensektor berücksichtigt werden, sondern es müssen im besondern Maße auch die inoffiziellen Transfersysteme in die Strategie einbezogen werden.

Da Spenden an Wohltätigkeitsorganisationen ein substanzielles Element der Finanzierung sind, müssen auch diese mit besonderer Aufmerksamkeit beobachtet werden (vgl. Wayne 2003:3).

Es bleibt offen, ob die Bedrohung durch den Terrorismus ein solches Ausmaß annimmt, dass eine weltweite Kooperation möglich wird. Anzudenken wäre hier eine internationale Bankenaufsicht bei der es allgemeingültige und verbindliche Registrierungsverfahren gibt. Dabei muss die Kenntnis über die Kontoinhaber an vorderster Stelle stehen.

Die Verantwortung für die erfolgreiche Bekämpfung liegt somit zum einen in den Händen der internationalen Gemeinschaft, die die rechtlichen Rahmenbedingungen schaffen muss, zum anderen müssen aber auch die Banken selbst aktiv werden. Sie müssen sich ihrer Verantwortung bewusst werden und sich am Informationsaustausch intensiv beteiligen.

Um dem Phänomen des Hawala-banking begegnen zu können, müssen klare Aufsichts- und Registrierungsregelungen getroffen werden. Dabei ist zum einen zu bedenken, dass Hawala nicht vollständig verboten werden sollte, da in Regionen ohne funktionierenden Bankensektor dieses System die einzige

Möglichkeit des Geldtransfers darstellt. Auf der anderen Seite steht die Vermutung, dass es kaum gelingen wird, sämtliche Personen, die Hawala betreiben, zu erfassen (vgl. Findeisen 1998:103).

So zeigt sich also, dass aufgrund der Komplexität der Terrorfinanzierung und der Ungenauigkeit der vorliegenden Erkenntnisse eine vollständige Bekämpfung dieses Problems nicht möglich sein wird.

Ein wichtiger Schritt wäre eine Regulierung der Finanzmärkte in Verbindung mit der Abschaffung von Steuerparadiesen, die ein bevorzugter Platz für Konten von Terroristen sind (vgl. Forum Barcelona 2004:1).

Zusammenfassend lässt sich erkennen, dass es zahlreiche Ansätze zur Bekämpfung der Terrorismusfinanzierung gibt. Aufgrund einer starken Konzentration auf die Problematik der Geldwäsche weisen die Strategien ähnliche Merkmale auf wie bei der Bekämpfung der Organisierten Kriminalität. Obwohl bereits zahlreiche Konten eingefroren und Listen verdächtiger Personen erstellt wurden, stellen die Masse der täglich bewegten Gelder auf den deregulierten Finanzmärkten eine kaum zu bewältigende Herausforderung dar.

5. Schlussbemerkungen

Diese Arbeit war von einer doppelten Fragestellung geleitet: Zunächst wurde untersucht, ob es ein System der Finanzierung des internationalen Terrorismus gibt. Daran anschließend wurden die dazu korrespondierenden Bekämpfungsstrategien auf ihre Wirksamkeit hin analysiert.

Es liegt in der Natur der Sache, dass mit vielen Vermutungen und unzureichenden und widersprüchlichen Daten gearbeitet werden musste. Denn diejenigen, die dafür sorgen, dass der internationale Terrorismus über ausreichende Finanzressourcen verfügt, legen größten Wert darauf, im Geheimen zu agieren.

Die Art und Weise, wie die Gelder akquiriert werden, zeigen große Schnittmengen mit den Methoden der Organisierten Kriminalität: Gelder, die aus dem Drogenhandel erzielt werden, müssen erst gewaschen werden, bevor sie für weitere Aktivitäten genutzt werden können.

Es hat sich aber auch gezeigt, dass die Terroristen von Al-Quaida über zahlreiche Möglichkeiten verfügen, Geld durch legale Methoden, insbesondere durch Spenden, für ihren Kampf einzunehmen. Hinzu kommt das riesige Privatvermögen von Osama bin Laden.

Von einem System der Terrorfinanzierung kann also in diesem Sinne nicht gesprochen werden. Es sind vielmehr zahlreiche verschiedene Methoden, wie Geld eingenommen, bewegt und gewaschen wird, die sich im Laufe der Zeit auch ändern können.

Dadurch ist die Bekämpfung dieses Problems so schwierig. Doch nicht nur die hohe Klandestinität der Einkünfte und der Verschleierungswege macht dieses Problem so unlösbar. Obwohl die Finanzierung auf internationaler Ebene durch Resolutionen und Empfehlungen verhindert werden soll, macht zudem die freie Finanzmarktpolitik die Bekämpfung nahezu unmöglich: Solang es keine einheitliche Verständigung über Registrierungsverfahren und eine internationale Bankenaufsicht gibt, können Terroristen ihre Gelder ungehindert an vielen Stellen der Welt deponieren.

6. Literaturverzeichnis

Alexander, Yonah/ Michael **Swetnam** (2001): Usama bin Laden´s al-Quaida: Profile of a Terrorist Network, Transnational Publishers, Ardsley

Altvater, Elmar/Birgit **Mahnkopf** (2002): Globalisierung der Unsicherheit. Arbeit im Schatten, Schmutziges Geld und informelle Politik, Westfälisches Dampfboot, Münster

Aninat, Eduardo/ Daniel Hardy/ Barry Johnston (2002): Combating Money Laundering and the Financing of Terrorism, aus: Finance and Development 39/3, unter: http://www.imf.org/external/pubs/ft/fandd/2002/09/aninat.htm, Zugriff: 21.7.2004

Bundesregierung (2004): Zusammenstellung der Maßnahmen der deutschen Bundesregierung im Kampf gegen den Terrorismus, unter: http://www.bundesregierung.de/Anlage437578/Zusammenstellung+der+Ges etze+und+Maßnahmen.pdf, Zugriff: 18.7.04

El-Samalouti, Peter (2003): Finanzierung des Terrorismus und Gegenstrategien, in: Kirschmann, Kai/ Christian Leggemann (Hrsg.) (2003): Der Kampf gegen den Terrorismus. Strategien und Handlungserfordernisse in Deutschland, Berliner Wissenschafts-Verlag, Berlin, S. 201-234

FATF (2004a): Basic Facts about Money Laundering, unter: http://www.fatf-gafi.org/Mlaundering_en.htm, Zugriff: 18.7.04

FATF (2004b): Bericht über Geldwäsche-Typologien 2003-2004, Übersetzung durch das Bundeskriminalamt, Wiesbaden

FATF (2003): Bericht über Geldwäsche-Typologien 2002-2003, Übersetzung durch das Bundeskriminalamt, Wiesbaden

FATF (2002): Bericht über Geldwäsche-Typologien 2001-2002, Übersetzung durch das Bundeskriminalamt, Wiesbaden

FATF (2001): Special Recommendations on Terrorist Financing, unter: http://www.fatf-gafi.org/SRecsTF_en.htm, Zugriff 18.7.04

Findeisen, Michael (1998): Risiken des elektronischen Zahlungsverkehrs im Zusammenhang mit der Geldwäsche, in: Virtuelles Geld – eine globale Falle?, Bundesamt für Sicherheit in der Informationstechnik (Hrsg.), SecuMedia-Verlag, Frankfurt

Fleischauer, Jan (2004): Puzzlearbeit im Schattenreich, in: SPIEGEL special 2/2004: Terror: Der Krieg des 21. Jahrhunderts, Hamburg, S. 36-39

Forum Barcelona (2004): Loretta Napoli, economist, journalist and expert on international terrorism: „the abolition of tax havens would be the first stepp towards cutting off financing for terrorism", unter: http://www.barcelona2004.org/eng/actualidad/noticias/html/f042980.htm, Zugriff: 18.7.04

Friedenspolitischer Ratschlag (2003): Netzwerke des Terrors. Charakter und Strukturen des transnationalen Terrorismus. Eine Studie aus der SWP-Stiftung Wissenschaft und Politik, unter: http://.www.uni-kassel.de/fb10/frieden/themen/Terrorismus/schneckener.html, Zugriff:19.7.04

Frank, Hans/ Kai **Hirschmann** (Hrsg.) (2002): Die weltweite Gefahr. Terrorismus als internationale Herausforderung, Berlin Verlag, Berlin

Greenberg, Maurice u.a. (2002): Terrorist Financing, Report of an Independent Task Force Sponsored by the Council on Foreign Relations, New York

Hirschmann, Kai (2002): Internationaler Terrorismus gestern und heute: Entwicklungen, Ausrichtung, Ziele, in: Frank, Hans/ Kai Hirschmann (Hrsg.) (2002): Die weltweite Gefahr. Terrorismus als internationale Herausforderung, Berlin Verlag, Berlin, S. 27-66

Kern, Christine (1993): Geldwäsche und organisierte Kriminalität, Dissertation zur Erlangung des Doktorgrades der Universität Regensburg, Regensburg

Lormel, Dennis (2002): Federal Bureau of Investigation: Congressional Statements. FBI Before the House Committee on Financial Services, Subcommittee on Oversight and Investigations, 12. Februar 2002, unter: http://www.fbi.gov/congress/congress02/lormel021202.htm, Zugriff: 2. August 04

Piper, Gerhard (2004): Was ist internationaler Terrorismus? Begriffsdiskussion, Geschichte, Organisationen und Finanzen eines Gespenstes, unter: http://www.uni-kassel.de/fb10/frieden/themen/Terrorismus/piper2.html, Zugriff: 20.7.04

Schröm, Oliver (2003): Al Quaida. Akteure, Strukturen, Attentate, Links Verlag, Berlin

Stang, Bettina (2004): Blutdiamanten finanzieren El Kaida, aus: Berliner Zeitung vom 9.8.2004, S.6

Vereinte Nationen (2001): Resolution 1373, Security Council, S/RES/1373 (2001), New York

Vereinte Nationen (2000): 54/109. International Convention for the Suppression of the Financing of Terrorism, General Assembly, A/RES/54/109, New York

Vereinte Nationen (1998): Attacking the profits of crime: Drugs, Money and Laundering. Global Programme Against Money-Laundering, Wien

Waldmann, Peter (2002): Terrorismus als weltweites Phänomen: Eine Einführung, in: Frank, Hans/ Kai Hirschmann (Hrsg.) (2002): Die weltweite Gefahr. Terrorismus als internationale Herausforderung, Berlin Verlag, Berlin, S. 11-26

Wayne, Anthony (2003); International Dimension of Combating the Financing of Terrorism, Testimony to House Committee on International Relations, unter: http://www.state.gov/e/eb/rls/rm/2003/19113pf.htm, Zugriff: 18.7.04

Weintraub, Sydney (2002): Disrupting the Financing of Terrorism, in: The Washington Quarterly 25/1, S. 53-60

Woywadt, Michael (1995): Geldwäschebekämpfung. Neue Waffe gegen die Organisierten Kriminalität, Brockmeyer, München